Souleymane Sidibé

La Poésie démeurt

Souleymane Sidibé

La Poésie démeurt

De la poésie philosophique

Éditions Muse

Cover image: www.ingimage.com

Publisher:
Éditions Muse
is a trademark of
Dodo Books Indian Ocean Ltd., member of the OmniScriptum S.R.L Publishing group
str. A.Russo 15, of. 61, Chisinau-2068, Republic of Moldova Europe
Printed at: see last page
ISBN: 978-620-3-86483-0

La poésie démeurt

De la poésie philosophique

Avant-propos

La poésie reste un moyen immense d'expression. C'est pour moi un art. Anachorète ou cénobite, l'art poétique nous guide dans le plus profond de nous-même, de notre être, de nos rapports à la nature, la vie ou la mort. Faible ou fort, on est à la merci des mots. Et s'il fallait faire des mots source de vie, une force, quoi de mieux que la poésie.

Quelle prétention que de dire La Poésie *démeurt* ! Tout de même, cette œuvre rappelle qu'en ces périodes troubles, nous avons besoin de *démourir* la poésie. Souvent être seul.e peut s'avérer troublant. Surtout à l'heure où la Covid-19 comme d'autres maux qui veulent nous *démortir*. Nous avons alors -parallèlement à la solidarité que promeut l'universel-, les mots. Utilisons la magie des mots. La poésie. Elle est, disait le poète mauritanien Oumar Ba, ce qui est agréable à l'oreille et au cœur. Raison de plus pour *démourir* la poésie.

La Poésie *démeurt* se veut le reflet de l'âme de son auteur. Son regard, ses craintes et sa vision. Cet ouvrage se veut amour de l'écriture et de la pensée. Et si je devais choisir comment ce recueil serait aperçu, je dirais qu'il est artistiquement incomplet. À l'image de la vie qui passe par trois étapes, les *Lumières*, l'enfance, et la faucheuse qui passe. Ici, la solitude se mêle au pêle-mêle, à des envies, émotions, angoisses et l'espérance. Nul honneur de feuilleter ce recueil, mais toute la curiosité de le déchiqueter ne peut que *tater le pouls* le lecteur.

Je sais par avance que le lecteur pourra être surpris de l'agencement des titres, thématiques. Il fera alors appel à son imagination. C'est de la poésie philosophique. C'est une rencontre dans plusieurs espace-temps, champs. En espérant que vous êtes cette oreille attentive.

Souleymane Sidibé

La Poésie démeurt

DÉDICACE

J'écris ce recueil en hommage à Feu ma tante Djenéba Sidibé

A toi qui es partie si tôt
Puisse le royaume des cieux te combler
De ses joyaux célestes
Puisse ta mémoire perdurer telle
Une rivière intarissable
Sur cette terre refuge des inlassables

Ta mémoire sera comme les récits d'épopée
La bonté que tu dégageais
À travers le regard maternel de tes actes
Était surnaturelle
Cette bonté sortait des abîmes profonds
Ô toi qui vécus sous le bruit des tympanons de tes
Petits enfants
Repose en paix Sidibé-ké[1]

Quelle que soit la teneur des mots,
Je ne peux oublier ma famille
Mes parents
Baba et Maa
Qui sont Moussa et Goundo Sidibé

Je ne peux oublier mes frères et sœurs
Mes amis d'ici et d'ailleurs
Eux qui se reconnaitront
Mes proches de Paris
Mes mentors Tidiane Tocka et Kissima Diagana
Mes enseignants

Et Nouha Soumaré, Siradjine Séméga
Moussa Ly, Oum Kelthoum,
Les jeunes et adultes de la Sokogim K
Bref, tout ce beau monde.

---

1. *Ké est un suffixe dans la langue sooniké pour appuyer le nom d'un proche*

« Soyons reconnaissants aux personnes qui nous donnent du bonheur ; elles sont les charmants jardiniers par qui nos âmes sont fleuries ».
Marcel Proust

Les mots ont un sens

Les mots ont un sens,
Une direction
Et nous permettent de cogiter.
Les mots ont un sens,
Ils nous renseignent sur les contextes.
Les mots ont un sens,
Et nous font suivre
Le chemin de la pensée des autres.
Ils nous gouvernent.

Les mots ont un sens.
Ils nous rendent heureux
Malheureux.
Quelques fois ils laissent
À « visage couvert »
Dans l'indifférence.
Ils peuvent être lignes
Ou sonores.
Les mots ont un sens.
Ils sont paroles
Et souvent actes dans le feu de l'action.

Les mots ont un sens.
Ils se forgent dans notre for intérieur.
Les mots ont un sens.
Ils nous font penser sur la vie, la mort
La finalité.
Et ils se déversent et se déferlent.

Les mots ont un sens.
Utilisons-les à bon escient !
N'abdiquons point face
Aux objecteurs de conscience.
Les mots ont un sens.
Corrigeons nos maux par les mots.
Dénonçons et n'abdiquons
Point face à la teneur
Des propos dans les rapports de force.

Les mots ont un sens.
Ils ne sortent pas en vain
Ils sont porteurs d'espoirs
Dans nos vies souvent misérables
Déplorables ou de joies passagères

Les mots ont du sens.
Ils sont sources d'amour,
De haine ou de peine.
Les mots ont un sens.

Il faut des femmes et hommes
Capables de solder les bienfaits des mots
Pour les transformer en eau de vie

Ode à la Femme noire

À l'écoute et à la rescousse
Dans les moments de tonnerre
Sombre extase
Framboise ou mûre
Qui ne mûrit
Sans faire rage

Être sublime
Aux formes mirobolantes
Je te chante
Merveille et perle rare
Te voilà
Femme noire

Douceur ébène surprenante
Que les astres ne cessent de jubiler
Face à l'éblouissement
Sans omettre l'étourdissant
Silence sous un fabuleux regard

Ô Mère
Ô sœur
Ô dame
Ô femme
Pont céleste
Être à part égal jouit de la plénitude
Refais autant les sourires
Ravive les flammes
Sois fier de ta mélanine
Et laisses fleurir tes beaux
Cheveux crépus.

« Je suis de la couleur de ceux qu'on persécute
Sans aimer, sans haïr les drapeaux différents,
Partout où l'homme souffre il me voit dans ses rangs ».
- Alphonse de Lamartine

— — — — — — — — —

JE DIS

Par ces vers, j'exprime ma compassion à l'égard des Indiens, des Ouïgours, de l'ensemble des musulmans, des chrétiens, des athées... de tout individu souffrant dans sa chair à cause de la faim, de la haine, des préjugés, de la persécution.

Pour toute personne touchée dans sa dignité, je m'indigne.
Pour toutes ces âmes qui plongent dans les mauvaises pensées, je m'indigne.
À ces femmes et hommes qui pleurent sous le scintillement des étoiles, je m'indigne.
À ces humains dénichés de leurs terroirs, je m'indigne.
A ces créatures dont les pleurs et cris oscillent à cause de leurs identités, je m'indigne.
Ô Danger ! A toi d'éviter de te léser.
Ô être humain ! à toi d'éprouver de la peine.
Vies qui jubilent sous la peur.
Corps d'un gros coup de matraque défrise !
Mères et enfants croupissent.
La communauté internationale est dépassée et éhontée.
Âmes sensibles tombées sous des tortures et des balles...
Je dis et redis
Mon cœur déballe cette colère et tristesse.
Je m'indigne des maux de ces millions de gens.
Je m'indigne car l'humanité est plongée dans des larmes de sang.
Je m'indigne et pleure de ce sabre de haine tranchant.
Je pleure et mon cœur se lamente.
Je pris en vain alors que je ne cesse d'être écœuré
De ces pauvres gens qui tombent sous le désespoir et la terreur sans équivoque.

La peur de l'existence

Elle, la mort
N'est-elle pas affreuse ?
Elle, cette réalité
N'est-elle pas terrible

Elle prend l'âme de ce corps
Si innocent
Qui méprise
De cette créature divine
Si aigrie

De cet humain si chéri
De ces personnes qui ne cessent de
S'enorgueillir
De ces individus si tristes
De ces gens si flétris
N'ai-je pas peur d'elle ?
Ne devrions-nous pas avoir peur elle ?

Elle prend sans demander
Elle arrache sans avertir
Sans dire Ô fils d'Adam
Je te ramène vers l'inconnu
Allons vers cette finalité
Allons vers cette destination `

Corps si beau, corps si pâle
Te voilà déniché, te voilà vidé
De ton âme
Te voilà putréfié
Tu seras cadavre
Tu seras englouti
N'iras-tu pas au fond des ténèbres ?

Tu iras vers l'inconnu
Tu seras dépouillé
De ta beauté ou laideur
De ta bonté ou méchanceté
Le paraître que l'âme de ton cœur
Montrait ne te servira guère

Ô mort
Tu es si crainte
Plus que ton créateur.
N'es-tu pas une fin ?
N'es-tu pas un début
Et tu es faite d'oubli
Tu es faite de regrets
Tu coupes le souffle
Aux personnes enorgueillies
À ces femmes et hommes
Dont on a tant chanté les généalogies
Tu es le chemin pour certains d'aller au Paradis

Martyrs sans sépultures

Inal, Jreida, Azlat, Walata, Wothie et Sori Malé
Sont les camps de l'horreur
Ces villes historiques ou "foyers de mastopathie"
Sont devenues refuge de la bêtise humaine

Ces coins vides et arides sont libations des atrocités
Ils sont les lieux de personnes mortes sans sépultures
Ces parties de terre prises de bain de sang
Laissent une plaie saignante
Lieux où de valeureux Soldats à majorité Peulh
Bien portants pour une Mauritanie perdirent la Vie : Don du Ciel

Sommes-nous en Mauritanie, peuple multiculturel ?
Sommes-nous dans un pays métis ?
Et le droit le plus essentiel qui est de VIVRE est arraché !
Cette Mauritanie que nous partageons sans avoir notre due
Nous l'aimons
Cet endroit où mère Afrique a eu mal
Nous le chérissons.
Mais nous ne pouvons nullement oublier
Ces faits macabres de macaques

La MAURITANIE que je vante est tombée si bas
Ma Mauritanie que je chante est sous procès
Elle refuse ce PROCÉDÉ simple et limpide pour ces jours
Ce procédé qui n'est qu'une enquête approfondie
Ce chemin de Mémoires collectives
Cette route d'Union par le devoir de vérité
Devoir de reconnaissance,
Devoir de Justice et devoir de réparation

Notre amour pour toi ne sera entaché
Notre peine aussitôt grande par la compassion
De la perte de certains de tes enfants
Causée par des sadiques
Lors d'une journée censée être victorieuse

Tortionnaires en libertés
Criminels qui sirotent leurs verres de thé
Et victimes, veuves et orphelins qui crient
Sous la colère stérile dans le carcan du vide
Voilà l'équation de ce jour.

Lire

Lis ces livres
Lis la science
Lis la littérature
Lis ces théologies

Lis pour ta félicité
Lis pour nourrir ton âme
Lis pour t'assoiffer
Et nourris ta soif de connaissance
Lis pour ne pas hériter mais mériter

Philosophies, sciences ; connaissances
Âme sensible les voilà pour la vie
Forge-toi pour scintiller comme la Nubie
Par les Lumières qui feront sortir des engloutis

Apprends et retiens
Retiens ce qui éblouit
Retiens et appréhende
Sache alors qui
Contient et dis
Ce qui survit et agit sur les vies

Puits nuageux, deviens puits de savoir
Le clair-obscur se dissipera
Le breuvage ne se ternit
Le monde ne pourrait ensevelir

Cris nocturnes

La nuit est longue
Au beau milieu
Je me réveille
Pensant à mon souhait
Je cherche refuge
Auprès de qui vais-je le chercher ?
Auprès de qui vais-je les laisser ?

La nuit est longue
Elles ; mes pensées
Elles ; mes envies
Envies et pensées ne sont que réussite
Réussite !
Réussir et faire naître

Je pris
Je pris la naissance de cet humanisme
Je pris ma réussite
Ma réussite pour la patrie
Je pris d'arriver à la fin des études
Réussir et acquérir

La nuit est longue
Espoir ; désespoir
Labeur ; paresse
Des synonymes et antonymes
Fragmentent mon temps
Emprisonnent mon âme
Je pris d'être libre
En ayant le dessous
Sur le stress et les envies.

Paris

Paris et ses métros,
Refuge de la cacophonie.
Paris et ses Femmes
Et Hommes
Sous pression.
Paris et sa diversité,
Capitale et pôle de rencontres.
Paris qui brille.
Et ses lumières qui illuminent !
Paris qui se rengorge de foules.
Paris, cœur palpitant.
Paris qui balbutie par son attractivité.
Paris, Ville Lumière.

Je ne suis qu'un humain

Je suis sooninké, non parce que je naquis ainsi.
Je suis sooninké parce qu'après l'allaitement
De cette dame que j'aime plus que tout être sur terre,
Je commençais à m'exprimer.

A dire à travers un ensemble de signes,
Mes propos
A exprimer à travers ma langue maternelle
Et faire ressortir les contenus culturels.

Je suis sooninké parce que ma langue est l'expression de ma culture ;
Culture fille d'une conception humaine dans la nature
Étant sooninké par la langue et la culture,
Je décide d'être mauritanien tout simplement,

Parlant sa langue maternelle,
Parlant une langue de ses aïeux, le Pulaar ;
Parlant Hassanya,
Parlant Wolof,

Chuchotant des mots en Bambara,
Autre langue des aïeux ;
Et parlant quelques langues qui lui sont culturellement
Et territorialement étrangers comme l'arabe,
Une belle langue à la richesse inouïe,
Qui est celle des textes religieux,
Utilisée par la parole divine ensuite,
Le français, héritage colonial
Et fruit de son programme scolaire,
Se perfectionnant sur quelques autres sur le globe

Je suis sooninké qui ne prend ni sa langue,
Ni sa culture au-dessus des autres.
Je suis sooninké qui ne veut jamais se restreindre
Aux tares féodales, aux niaiseries socioculturelles.
Je suis sooninké,

J'adhère aux valeurs sûres que véhiculent la culture comme l'honnêteté, la franchise, la parole donnée
Je suis ce mauritanien qui fait de l'autocritique une arme pour consolider sa vision et pour renforcer sa dignité

Je suis ce mauritanien qui se nourrit de raison et de la tolérance dans l'optique de s'ouvrir au monde.
Je suis cet africain qui a compris que la culture peut être un frein au façonnage comme un atout donc, elle doit répondre aux exigences de la moralité et du siècle.

Je suis ce citoyen du monde de la pluralité culturelle et ne rabâche pas «fierté culturelle».
Je suis parmi ceux de nos cultures qui comprennent que doit naître le citoyen, que l'aliénation culturelle n'a pas de place dans un contexte de restructuration
De destruction de la codification que certains justifient par ignorance et convictions.

Lumières

Lumière du ciel
Lumière de la terre
Lumière qui guide le cosmos
Lumière qui créa l'humain

Lumière qui fait naître lumière
Lumière qui fait naître lumière naturelle
Fais que par elle
Nous sortions de ce
Concaves loufoques

Lumière naturelle
Sois un guide de l'Être
Sois cette foudre qui ne rate
Sois le Salut

Lumière des cieux et de la terre
Donne-nous la lumière
Pour illuminer nos âmes
Nos esprits et conscience

Renoue l'esprit et la matière
Renoue l'humain avec ses racines
Renoue l'humain avec sa conscience
Ses dires et ses actes

Renoue ces femmes et hommes
Par ta bonté et incruste leur ta lumière
Pour qu'ils la rependent et ne soient dénudés
De sagesse et de clairvoyances

Faut-il rire ?

Rire de ces tares
Rire de ces ignominies
Rire de ce retard

Rire de la féodalité
Rire de l'esclavage
Rire de la sauvagerie

Rire de ces femmes, de ces hommes
Rire de ces âmes
Rire de ces gens qui usent des mots
Qui justifient leurs sottises

Rire de ces individus qui font les éloges de leur semblable
Rire de ces humains qui travaillent sans rémunérations
Rire de ce monde qui est contre mais n'agit

Rire puisqu'ils viennent de sperme et finiront cadavres
Le rire précède l'action
Agir, dire et changer sont préférables
Rire beaucoup n'est pas logique

Barbarie

Barbarie, garde flingue que tu es,
Tu anéantis,
Tu déshumanises

Barbarie, synonyme de sauvagerie
Quand tu emprisonnes,
Tu ouvres les portes maléfiques

Barbarie, on ne saurait te calculer
Tu es indéchiffrable
Tu es cet état d'animalité

Barbarie, assassin du bonheur
Honte à toi,
Sauvagerie, conneries mortifères

Barbarie, bestialité que tu es
Tu décimes des villes
Tu décimes des Nations

Barbarie, monstruosité
Tu t'attaques aux vulnérables
Tu n'as de respect que la force

Barbarie, hécatombe que tu es
Ne t'arrêter que par la violence
Ne t 'éliminer que par le façonnage.

Afrique

Notre Afrique
Pauvre Afrique
Pourquoi ont-ils volé tes enfants
Pourquoi continues-tu à
Perdre de ton aura ?
Pourquoi es-tu l'allégorie de la guerre ?

Pauvre Afrique
Pourquoi es-tu si triste ?
Pauvre Afrique
Pourquoi es-tu si aigrie ?
Pauvre Afrique pourquoi es-tu si hantée ?
Hantée par la gabegie
Hantée par la ***mouchardise***
Hantée par la voracité
Hantée par l'inégalité

Berceau de l'humanité
Pourquoi tes enfants se tuent ?
Pourquoi tes enfants s'entretuent ?
Ô pauvre riche
Pourtant tu renfermes
Pourtant tu nourris
Pourtant tu as une expertise
Tu as une jeunesse
Tu as le soleil

Afrique
Pourquoi ta lumière ne brille pas
Et dire que tu renfermes
Pauvre mère
D'où te vient vient cette haine pour tes enfants
D'où te vient cet esclavage
D'où te viennent ces tares féodales
Pourtant tu es «le sédiment du génie humain»

Sache que tu peux
Sache qu'il ne te manque que de suivre
Les aspirations de tes dignes fils
Arrête
Arrête d'être le spectre
De ce que je ne saurai dire
Par respect

Où que j'aille je dirai que
Je suis de toi
Je viens de l'Afrique
La mélanine parlera
Souris Afrique
Car parmi tes enfants
Certains restent conscients
Ils te veulent misérables
Pour ensuite chanter ton mal

Pauvre mère
Ils médisent de toi
Alors que tu les nourris
Et certains de tes filles et fils
Restent indignes
Ô Afrique
Que j'ai mal d'entre ton nom
Après « mutinerie ».

Des Jours et jours

Des jours et jours passent
Mais elle ne se lasse de moi
De ma conscience, de mon être
Peur de l'existence
Elle subjugue mon âme

Des jours et jours passent
Mais elle ne disparaît
De ma conscience
Elle est présente à toute occasion
Dans les moments
De joie ou de tristesse
Elle est le malheur de cette vie

Une journée ne passe
Sans qu'elle ne soit à nos côtés
Une journée ne passe sans qu'elle ne dise
Est-ce aujourd'hui
Et l'heure qui ne sonne qu'une fois
Les glas résonnent
Sur les champs, les dunes et les mers

Malheur qui frappe
Mais aussi impasse vers l'au-delà
Des vers à son nom n'épargnent
Un instant ne passe sans qu'elle ne parle
Un instant ne passe sans qu'elle ne plaide
Sans qu'elle ne dise je suis cette porte

Des jours et jours passent
Elle coupe des liens pour de bon
Réalité de la vie
Finalité d'ici-bas
Mort pourquoi es-tu terrible ?

Demain

Demain est autre jour paraît-il
Il est certains pour certains
Et incertain pour d'autres
On ignore ce qui advient
A nos yeux le ciel sera bleu

Demain est un jour
Le beau tant attendu
Viendra sous nos regards
Jalonnés dans l'attente du progrès
Pour avancer et progresser

Demain est un jour
File le temps
File le jour
Vienne la nuit sous
Sous nos regards farouches

Demain est un autre
Meilleur si l'on y croit
De là vient la sérénité
Ainsi chanter
La paix avec soi
Avec autrui
Et son environnement

Le lendemain
Sera encore meilleur
Le soleil se lèvera
Se couchera
Ou restera fixe
Dans un univers gravitationnel.

Boully

Village qui nous a accueilli
Nourri par ses terres

Village qui embellit nos rêves
Et porte le cri
De nos ancêtres

Boully
J'aimerais te voir cité
Comme village de la raison
Pas comme recoin de la déraison
Et te faire connaître
Par tes quartiers
Comme Djiké

Boully
En 1945
Tu accueillis
L'école
Les murs de tes locaux
Ont vu
Tene Youssouf Gueye
Et Cie

Boully
Je ne t'ai vu qu'une fois
Je sais que de toi
Viennent mes parents
Baba et Maa

Boully
Je suis de Nouakchott
Ou de toi
Je suis le fruit
D'un système scolaire
Qui génère des pensées critiques
Je suis fils
D'une famille
Qui déteste
La servitude
Le mépris

Boully
Je te cite
Comme ville de dignes
De Selmafi Boun Daouda
À Moussa
Par l'Horreur et la dignité
Nous avons obtempéré

Boully
Je serai dur envers toi
Je ne te nourris point
Libre à toi de voir
La teneur dans
Mes propos
Qui étincellent

Boully
Sache que la culture
Est le fruit de la pensée
Des hommes et femmes
Si elle n'est pas résorbable
Elle change et dégage
Pour une autre forme de pensée
Un autre ordre social
Pas inique mais logique
Même universelle

Boully
Aime tous tes enfants
Détruits les tares
Certains de tes lettrés
Sont emprisonnés
Ô quel dommage !

Donne l'excellence
Lutte contre la pauvreté
Et fais de la méritocratie
En plus du savoir
Tes meilleures armes

Boully
Missira
Exalte le monde
Le droit, le travail
L'égalité et de là
Tu seras un joyau.

L'arche du regret

Et nous eûmes de bons moments que je n'ai su consolider
Et le temps fit de nous de meilleurs amants
Et j'ai tout gâché dans l'ombre du sérieux

Et laisse-moi tout réparer loin de toute illusion de vérité
Et laisse mes propres mots soigner nos maux
Et laisse la rancune et la colère de côté

Et suis ce regard triste et stérile
Et suis la bonté que cet énergumène voudrait vassalité
Et suis ta conscience qui ne trahit

Et avertis
Et décide
Et renoue les liens
Pour rallumer le flambeau

Et l'amour qui fâche
Et la jalousie qui hante
Et les péripéties et découvertes anodines
Qui bouleversent les vies

Et nul n'est infaillible
Et nul ne doit vivre sans valeur
Et ne doit continuer quoi que ce soit
Qui nuirait à la tranquillité de l'esprit et du cœur

Et sache que je serai
Ce regard attentif je serai ce cœur amoindri
Et je serai cet homme qui a mûri de ses errements.

Et ce qui doit

Vient avec le temps
Et ce qui y advient
Ressort les polichinelles
Des autres astres

Et si le monde est immonde
Viendra la pluie diluvienne
Qui rafle de roses
De sépales et pétales

Et suivent les étamines
Qui ressortent le bonheur
Que chahutent les astres
Et l'humain qui est ébahi

Et la nature qui vomit
Sa belle au boudoir
Sa beauté
Son encens

Sur des vertébrés et gymnospermes
Qui pullulent dans l'hémisphère
À la quête d'une symbiose
Parfaite comme une quenelle

L'enfant

Est une image
Bellissime
D'un ruisseau
D'innocence

Une Coquille fragile
Une Étoile en devenir
Une Femme ou un homme
En avenir

Un Petit Être
Un Don céleste
Fruit de la nature
Poussin de ses géniteurs
Héros de son univers

Un être à combler
Qui embellit
Par sa présence
Son sourire
Ses fous rires
Ses cris nocturnes

Tout mignon
L'enfant
N'a besoin que d'amour
D'éducation
D'écoute
De conseils
Loin des pleurs
Et craintes

L'enfant n'a besoin
Que de précieuses oreilles
Pour griffonner ses pensées
Souvent idylliques
Qui ne manquent jamais
De splendeur
Il est à chérir et à soutenir
Contre vents et marées

Et la poésie ne meurt

Elle vomit des vies
Elle s'éternise loin
Du joug infantile
D'un quelconque
Oppresseur

Et la poésie ne meurt
Comme le phœnix
Elle renaîtra
Si tel était le cas
De ses cendres

Et la poésie ne meurt
Elle arrose l'univers
Elle est omniprésente
Elle est omnipotente

Qu'elle vous emporte
Cher Kaïlcédrat Sall
Qu'elle vous cache
Des soliveaux

Si elle était du vin
Je l'aurais siroté
Jusqu'à mener
Une vie de bohême
De bonheur et d'extase

Si, elle était raisin
Je l'aurai croqué
Et tu as raison
Mais laisse la poésie
L'avoir d'un ton de plus
La poésie est immense

Elle est belle
Cher Kaïlcédrat Sall
Comme un ruisseau
Pollinisateur
Remplis de tépales
Elle murmure
Des ondes de vie

La rage de l'amour

Âme sensible dompte
Cette colère en toi
Avant qu'elle ne ruisselle
Pour déborder
Et dérober
L'estime

Âme agitée
Préserve-toi
De la rage de l'amour
De cette indolente insolente
Qui nuit et réduit
La sagesse
Brise l'esprit

Loin de toi l'idée du mépris
Dans ce cœur jadis
Épris de paix
De joie et d'amour
Effrité par une balle
Que tu as fermenté

Reprend le souffle
Convive le miel
Redresse ta colère
Sois honnête
Laisse glisser
Ce mal à jamais
Convive cette dulcinée

La poésie pour parler

Mon âme chavire
Et mon sourire se cache
Seul dans mon espace
Je brime l'artefact
C'est le fossoyeur de mon mal

La poésie pour l'armée
L'armée de mon cœur
Et clastiques que mèchent
Les crises clastiques silencieuses

L'armée compréhensible
Appréhensive et domptable
Que serais-je
Si je n'avais les mots
Si je ne t'avais toi
Ma famille
Mon autre en version meilleure
Sois là dès qu'il le faut
Je serai là dès que ton âme me cherche

La poésie pour te parler
Les mots ressortent de
Cette âme infatigable
De cet amour intact
Brille docteure
On se vouvoie bientôt
Encore de la poésie
À te partager

Pauvre homme

Qu'est ce qui te chagrine
Est-ce cette rose pleine d'épines
Pauvre de toi
Qu'est ce qui t'arrive

Douleur dorsale
Épine au cœur
Pied sous un volcan de rancœurs
Racine tacite de la mélancolie
Pauvre homme
Qu'est ce qui t'arrive

Heureusement que le désespoir
Ne t'a pas tapé
Les acouphènes sont passagers
Laisse ton cœur se reposer

Pauvre homme
Assez de palpitations
Subîtes par ce petit
Morceau de chair
Partielle divine

Bouillonnant
Calme et torride
Quel événement t'arrive
Pauvre homme sourit
Les étoiles de mer
Ne finissent

Pauvre homme
Il y'a sur terre de milliers
De roses
Choisis doucement
Récupère la tienne
Calmement

Et conserve
Ce morceau de chair
Loin des épines
Des cascades torrides
Pour ne pas
Être têtu et cocu

Il n'y a pas d'âge pour étudier

Les études commencent à l'université
Elles sont passionnantes
Les études commencent après le bac
Dans les centres
Et instituts de formations

À la crèche
On apprend les prémices du civisme
Et la vie en groupe
À l'école primaire
On effleure le sens de la logique
Au collège
On apprend le civisme
Les premières bases de la science
Au lycée
On forge ses humanités
A l'université
On commence à s'épanouir
Bien évidemment loin du besoin
Loin de la tristesse et de la faim

Les études commencent après le bac
Elles sont une continuité
Marquée par la motivation
La pérennité
Le travail acharné
Mes études sont atypiques
Ma réussite sera glorieuse
L'histoire de mes études
Sera sinistre mais la finalité
Onctueuse

De l'autre côté de l'Atlantique
Dans ma terre natale
Des cyniques veulent
Priver des milliers de jeunes
Du temple universel
Où le bon vivre s'y crée
L'abattoir de la bêtise
Le sanctuaire du salut

Qu'elles la prennent dans le cul
Ces affres personnes
Qui font de l'éducation
Une arme de discrimination
Quelles aillent au diable
Les jeunes ne doivent
Être des débris scolaires
Ils seront des légions

Étrange

Tu me parais si étrange
Que je me remets en question
Tu me parais fatiguée
Mais pas que d'activités journalières

Tu me laisses plein d'inquiétudes
Ma quiétude passagère d'étincelle
Ne sera que de mèche
Avec mon regard écœuré

Penses-tu que je sois sobre
Je suis ivre d'amour
Je suis perdu dans le désert des remords
En attendant que tu sortes de tes maux

Si je ne te conviens
Ne t'entête point
Si tu ne vois l'avenir
Décide de nourrir une autre joie

Saute de l'autre bout du rivage
Me laisser dans le doute
Est la pire des tortures
Ce n'est pas qu'étrange mais
L'hécatombe

Le Soleil de ta cuisine

Voilà que les rayons de ta cuisine
Illuminent ma faim
Brille sur l'échafaud
De ma satiété

L'amour qui brille
De ta main magique
Laisse mon âme épanouie
Et mon estomac jouissant

Il ne se plaindra guère
De passage
Ce Beau travail
Qui suscite enthousiasme

Voilà que j'utilise le peu de sucre
Pour le travail enthousiaste
Que la sève brute traité ne manque
Oh que c'est beau

C'est doux ce sentiment
Qui plaît et réconforte
« Hahh » ! Tout simplement
Voilà le repos avant la fin

À l’aulne du prestige

Nous voilà estampillés
Pris entre le marteau et l’enclume
Loin du prestige
Bien sûr que nous sommes
Puisque nous pensons

Einstein avait demandé
D’être des bouts de bois
De Dieu
Ayant de la valeur
Pour ne pas seulement être
Au péril séduisant du succès

Churchill, le chef de guerre
N’avait-il pas été
Ivre de succès à n’en point
Finir alcoolique
Le succès du prestige
Au prestige du succès
Quelle nature adopter
Être utile plutôt que
Ternir l’importance

Rue du Parlement

C'est l'une des rues qui déversent
Sur les quais
La tragique place de la joie
La Place de Bourse

Nous passons naïvement
De rues en ruelles vers des allées
Des allés aux Cours
Sans siphonner les beaux rochers

Nos regards ruissellent
Sous le regard stérile
De la mémoire
De milliers de vie

Bordeaux Nègre
Ne nous parle point
Le Parlement se veut discret
En chuchotant des lois et des normes
Sur nos âmes subjuguées
Par la beauté de la Garonne

Je cherche

Je cherche les lumières de la quiétude
Je cherche le bonheur au fond du gouffre
De cette spirale scholastique

Seigneur éloigne nous
De tout mal
Des maux de la peur
Des baux ténébreux

La vie n'est pas que miel
Pour assouvir nos désirs
Que s'éloigne de nous
Ce stress oxydatif
Qui n'épargne guère
Nos radicaux libres

Les recoins de la Gironde
Comme remède
Les poèmes au-dessus
De la Garonne
Spirale hypnotique

A l'agonie

Je suis à l'agonie
Je suis mortifère
Je n'ai pu
Être l'Orphée
De ton côté cœur

Je suis ce bavard silencieux
Portant cette carapace de remords
De regrets
Je suis à l'agonie

Dans mes songes
Il n'y a point
D'essence de bonheur
Voilà que je suis
À l'agonie

Et quelle mort
Me ferait peur
Voilà je ne suis
Qu'un humain
Qui agonise
Loin de ta douce paume.

La peur

Un humain qui n'a pas peur
N'est pas un humain
Il est envoûté par la perdition
Encerclé par les mauvaises
Paraboles de semeurs

Une personne qui n'a pas peur
N'est point un être humain
Il déverse dans l'incertitude
Planifie son malheur
Un individu doit avoir peur

L'humain est si fragile
Il est si craintif
Les situations le guident
La peur le hante
Mais le courage n'est point absent
Même sous l'orage

La peur est cet état inexplicable
Ce moment inexplicable
Qui nous prend en sursaut
En nous rabaissant
Elle nous rappelle la fragilité
De nos consciences

Le sans abris

Le sans-abri lit son livre
Après une grève non voulue
De faim
Il étanche sa soif avec des mots
Dans son univers de maux

Le sans couverture se noie
Symboliquement dans la joie
Par la lecture qui le môle
Il n'a que l'éclairage public
Pour combler ce vide

Le toit béquille
Dans la rue Sainte Catherine
Où les pensants
Insouciants de sa condition
Frisent le sol de sa conscience
Telle Paris, telle l'Europe
Il ne sent point les odeurs
Des Fast-Food
Mais celle du livre

Elle est rayonnante

Bien qu'il n'y ait point de lumières
Elle brille dans son orbite
Telle une météorite qui
Tombe en pleine nuit

Elle rayonne
Son éclat est fort
Voilà que son
Parfum va encore
M'ensevelir

Elle est rayonnante
À midi ou à minuit
Son encens d'amour
Me rend ivre
Elle est ma muse

Je ne fus qu'un jeunot

Je ne fus qu'un cerveau en gestation
Lorsque les lances de flammes
Transversales traversent mon
Torse
Mon bouclier d'étanche
Vu les trous défilés

Où était cet œil attentif
Quand mon cœur
Brimait mon âme
Quand l'apocalypse
Menaçait mon existence
Où était-il ?

Ô vie dépourvue
Que le bonheur ne t'oublie
Ô âme infatigable que
Le passé ne te hante
L'avenir sera beau
Si beau

Le bonheur de demain
Réside dans les résidus
D'Hier charpentière
D'aujourd'hui
Et à Dieu ne plaise
Le malheur ne doit
Guider.

Les heures silencieuses

Il y'a de ces heures
De ces moments
De ces temps longs
Où des mots ressortent
Dans le bruit du silence

Il y'a de ces heures
Où l'amour honnie
Où la vie se submerge
Où la colère émerge
Où le dégoût et
La paresse de vivre
Rejaillissent des ténèbres

Heureusement que le noir
Qui brille sauve
Que la raison
Qui est maîtresse
Ressort
Que les astéroïdes
Sifflent en éclat

Que mon âme s'accorde
Aux accordéons
Que tu me partages
Aussi peu soit le temps
Maussade
Je ne puis dire qu'une
Chose
Au-delà de ma piètre personne
Je t'aime et je t'aimerais
Sans cause.

La grande maîtresse poétique

La vie est le songe d'un univers
Où la plus grande valeur est la
Poésie
La vie est la plus merveilleuse
Des poétesses qui
Puissent naître

Elle regorge sa science
Sa littérature
Sa nature
Ses symbioses
Ses enthalpies

Elle fait entendre des choses
Agréables
Et souvent
Elle ressort
« Les Fleurs du mal »

Elle nous soumet
Ses élucubrations
Remplies de tentacules
Elle berce certains
Et devient pour d'autres
« Les Limbes du Pacifique »

Elle a sa belle plume
Ses dessins et daseins[2]
Sa lyre
Et une oreille sourde
Mais que de beaux mots
Pour celui qui sait
L'entendre jouer
Tel que Beethoven

---

2. Mot signifiant « l'être présent », emprunté au philosophe Heidegger pour marquer une « présence déterminée ».

Hommage à Ousmane Moussa Diagana dit Dembo

Un jour de l'an 2001
Le poète et mage
Des mots
S'en va
Sous le regard
Effaré
De la patrie mère

La linguistique a pleuré
Les milliers de condisciples
Sont devenus orphelins
L'allégorie de la bonté
A tiré sa révérence
La nature a brimé

Le pays de millions de poètes
A vagi
Une perte incommensurable
Les fils de la lyre
Se sont écorchés
Orphée s'est évanoui
Mille mots ne sauraient
Définir cet instant

L'auteur de Notules de rêves
Pour une symphonie amoureuse
Cherguiya, Odes lyriques à une femme du Sahel
Et de tant de merveille nous manque
Il fut un rassembleur
Un modeste et honnête

L'amour qu'il portait
Pour la langue sooninké
Fut sans égale
Et nulle part ailleurs
Le Dictionnaire soninké-français
N'est-elle pas l'écrit d'une belle âme ?

Le terreau des souvenirs

La musique est le terreau
Des souvenirs
Elle est rythme
Chant et pouvoir

La musique est belle
En sus quand elle est engagée
Quand chante l'humanité
Dénonce l'animalité

La musique libère
L'âme et consolide
La ferveur de l'être
Elle fait éclater en sanglots
Les musiciens sont des légions.

Printed by Books on Demand GmbH, Norderstedt / Germany